빛과 소리의 세계

<u>드라큘라의 비밀 수업</u>

초등과학Q는 과학의 기본 개념을
말랑말랑하게 풀어낸 세상 친절한 과학 해설서예요.
핵심을 찌르는 재치 넘치는 질문! 웃음이 가득한 탐구 과정!
재미있는 글과 그림을 따라가면 암호문 같은
과학 교과서가 술술 읽힐 거예요.

초등과학 Q ③
빛과 소리의 세계

드라큘라의 비밀 수업

김경희 글 이진아 그림 고재현 감수

등장인물

드끼장

왈가닥 꼬마 드라큘라. 드라큘라 사냥꾼들을 피해 인간 기숙사에 숨어 살았다. 현재 할아버지의 비밀 수업 <완벽한 드라큘라가 되는 법>을 수강 중. 사사건건 질문을 쏟아 내는 호기심쟁이다.

왕배트

꼬마 박쥐 인간. 때로는 박쥐로, 때로는 인간으로 모습을 바꾼다. 똑똑하고 착하지만 가끔 엄청난 고집쟁이가 된다.

드블랙 백작

드라큘라 가문의 정통파. 드라큘라 가문의 전통을 지키기 위한 비밀 수업 진행 중. 드까망이 질문을 던질 때마다 뒷목을 잡는다. 깐깐하면서도 순수한 허당미의 소유자.

제1강
빛
Q.
백작님은 어떻게 캄캄한 방에서 드까망을 찾았을까?

14쪽

제2강
색
Q.
정원에 핀 파란 장미는 어디로 사라졌을까?

32쪽

제3강
그림자
Q.
드까망의 그림자는 어디로 갔을까?

48쪽

제 4 강
거울
Q. 거울에 나타난 갑옷 유령의 정체는?
66쪽

제 5 강
소리
Q. 왕배트는 어떻게 발소리를 들었을까?
84쪽

제 6 강
초음파
Q. 왕배트는 박쥐와 어떻게 대화를 했을까?
106쪽

달빛이 구름에 가려진 어느 캄캄한 밤…

창밖에서 시커먼 뭉텅이가 날갯짓을 하고 있었어.
마치 '배트맨' 같았지!

박쥐가 작은 발톱을 톡 하고 튕기자 검은색 뭉텅이가 나타났어.
으흠, 저분이 사진으로만 뵈었던
나의 할아버지, **드블랙 백작**이군!

할아버지는 정말 나를 사랑하나 봐.

내일이 기말고사인 건 어떻게 아셨지? 독후감 안 쓴 것도, 체험 학습 보고서 안 쓴 것도 이젠 아무 상관없어!

내 짝꿍 슈슈깡이랑 아침마다 싸울 일도 없겠지?

안녕, 학교야! 안녕, 기숙사야!

할아버지… 내 생일 케이크는요?

"할아버지!"

나는 검은색 뭉텅이를 향해 뛰어갔어. 바로 나의 할아버지, 드블랙 백작을 향해서 말이야. 사실 얼굴은 보이지 않았어. 너무 캄캄해서 할아버지를 찾은 내가 대견할 정도였지. 꺼져가는 촛불 하나만 아슬아슬하게 빛나고 있었거든.

"오, 까망이 왔구나. 어디 보자! 정말 예쁘게 잘 컸구나."

흠, 할아버지도 나처럼 거짓말이 수준급인걸? 코앞에서 마주 봤지만, 눈코입은커녕 콧김만 느껴질 뿐이었거든. 그래도 케이크는 준비하셨겠지? 내 10살 생일이니까!

"왕배트, 준비됐나?"

어머나! 정말 깜짝 생일 파티가 준비되었나 봐. 그나저나 왕배트라고? 누굴까?

빛은 우리의 적!
적을 알아야 승리하는 법!

제1강 빛

Q 백작님은 어떻게 캄캄한 방에서 드까망을 찾았을까?

할아버지의 비밀 수업

이건 뭔가 잘못됐어. 저건 칠판이잖아!

"할아버지! 생활 계획표에 나와 있는 1교시, 2교시는 정확히 뭐죠? 설마 영어랑 수학, 아니면 혹시… 역사?"

그러자 할아버지는 손사래를 치며 고개를 흔드셨어.

"내 수업은 그런 시시한 것들과 달라. 나의 강의는 드라큘라 가문이 지켜야 할 전통에 관한 거란다. **<완벽한 드라큘라가 되는 법>**이라는 비밀 클래스지. 이제까지 수강한 학생이 10,000명도 넘는단다."

완벽한 드라큘라라고? 아, 맞다. 나 드라큘라였지!

어쩌면 나에게 꼭 필요한 수업일지도 몰라.

"그런데 얘는 누구죠? 2인 과외인가요?"

"응, 인사하거라. 우리 집 집사 왕배트란다. 우리의 먼 친척인 박쥐 인간이지. 모르는 게 있으면 배트에게 물어보거라. 벌써 10번째 수강 중인 모범생이거든."

그래. 이왕 이렇게 된 거 평범한 드라큘라보다는 완벽한 드라큘라가 되는 게 낫겠지? 아, 하지만 이건 너무해…. 너무 졸려서 가물가물하지만, 할아버지의 모든 말이 "~하지 마라"로 끝났어. 하면 안 되는 게 왜 이렇게 많지?"

"드까망! 절대 햇빛을 봐선 안 된다!"

드라큘라는 햇빛을 받으면 몸이 타서 재가 되어 사라져 버린대. 말도 안 돼! 여태 햇빛 받으며 잘만 살았는데, 갑자기 재가 된다니!

"할아버지, 저로 말할 것 같으면 작년 여름까지만 해도 바닷가에서 일광욕을 한 아이랍니다. 저는 면역이 생겨서 괜찮아요. 그리고 진짜 궁금한데요, 진짜 재가 되어 버린 드라큘라가 있긴 한가요? 옛날 옛적 고리타분한…."

뭐? 난 심장에 소름이 쫙 돋았지만, 그래도 용감하게 한마디 덧붙였어.

"요즘은 세상이 달라졌다고요. 선글라스를 끼면 어때요? 양산도 좋고요. 자외선 차단제를 꼼꼼하게 바르면 문제없을 텐데…."

저는 햇빛 받으며 잘 살았는데요?

"드까망~, 네 이놈!"

으악, 고막이 터지는 줄 알았어.

"좋아, 좋아. 자외선 차단제라고? 그럼 우선 자외선이 뭔지 말해 보겠니?"

으아, 이건 반칙이야. 기습 질문이라니!

"자외선은… 음, 피부에 안 좋은 거?"

그 순간, 옆자리에서 어깨가 들썩이는 느낌이 들었어. 살짝 웃음소리도 들린 것 같아. 이런, 왕배트 녀석, 지금 비웃은 거 맞지?

"드까망, 기초부터 시작해 보자. 이 방에서 스스로 빛을 내는 걸 찾아보렴."

"빛을 내는 거요? 저기 저 꺼져 가는 불쌍한 촛불 같은 걸 말씀하시는 건가요?"

"그렇지. 하지만 불쌍한 촛불이라니, 말이 좀 심하구나. 저 희미한 빛 하나가 이 방을 환하게 밝혀 주고 있지 않니. **네가 할아버지의 멋진 얼굴을 볼 수 있는 건 저 꺼져 가는 빛이 사물에 반사되어 네 눈에 들어왔기 때문이야.** 그러니, 빛은 정말 대단하지! 빛이 없으면 아무것도 볼 수 없으니까 말이야."

> 스스로 빛을 내는 물체를 광원이라고 합니다. 형광등, 스탠드, 손전등, 촛불 같은 것들이죠. 그중 가장 큰 빛은 바로 태양이지요.

네? 빛이 없다면 아무것도 보이지 않는다고요? 그럼 할아버지, 이건 어때요? 나는 촛불을 훅 불고는 부리나케 도망쳤어. 살금살금 커튼 뒤로 쏙 숨었지. 그런데 숨은 지 1초도 채 되지 않았을 때였어.

나는 할아버지에게 질질 끌려와 자리에 앉았어. 뭘까? 할아버지는 어떻게 나를 1초 만에 찾았을까?

"지금부터 내 수업을 잘 들으면 해답을 찾을 수 있단다."

수업에 해답이 있다고? 흠, 그렇다면….

"왕배트, 그럼 너는 알겠네? 수업을 10번이나 들었다면서."

"모르겠어. 사실 너처럼 도망치는 학생은 없었거든."

"자자, 주목! 까망아, 저 촛불이 보이느냐."

"당연하죠. 빛이 나는데 어떻게 안 보여요."

"저렇게 **눈으로 볼 수 있는 빛을 가시광선이라고 한단다**."

"엥? 빛 얘기하는데 웬 가시? 빛에 가시가 있나요?"

"아니, 그게 아니고. 가(可, 옳을 가) 시(視, 볼 시) 즉, 눈으로 볼 수 있다는 뜻이야."

"엥? 그럼 눈에 보이지 않는 빛도 있나요?"

"그럼, 적외선, 자외선, X선, 감마선 등 사람 눈에 보이지 않는 빛도 많단다. 자세한 내용은 왕배트의 노트를 참고하거라."

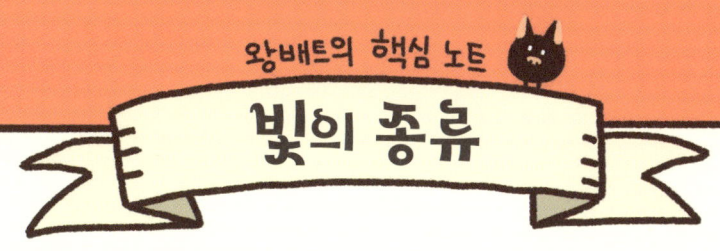

왕배트의 핵심 노트
빛의 종류

빛은 물결처럼 출렁거리면서 앞으로 뻗어 나가요. 이때 한 번 출렁거리는 길이를 '파장'이라고 하지요. 빛은 파장의 길이에 따라 적외선, 가시광선, 자외선 등으로 나뉘어요. 이 가운데 우리가 볼 수 있는 빛을 가시광선이라고 하지요. 파장이 더 짧은 X선, 감마선도 있답니다.

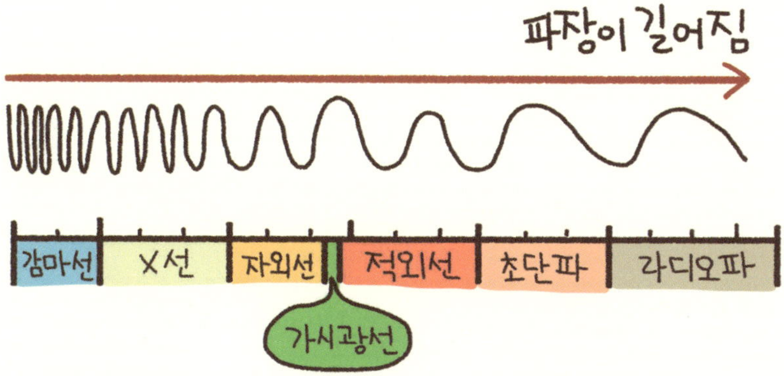

"아이고, 할아버지. 빛의 종류가 이렇게나 많은데 어떻게 일일이 다 피해 다녀요? 차라리 태양을 없애거나 가려 버리는 건 어떨까요? 드라큘라 가문의 번영을 위해서…."

이런, 마지막 말은 실수. 내가 생각해도 바보 같은 말이었어.

"그래, 네가 한 변이 140만 km이고, 섭씨 6000도에서도 녹지 않는 정사각형 암막 커튼을 만들 수 있다면…."

왕배트가 진지하게 말했어. **설마… 진심인 건가?**

"태양이 사라지면 지구상에 생명체는 살 수 없게 되겠지. 한번 상상해 보겠니?"

태양이 사라지면 어떤 일이 생길까?

수수께끼의 정체는 안경!

휴, 정말 지루하고 정신없는 하루였어. 관에 들어가는 게 이렇게 반가울 줄이야! 그런데 막상 관 속에 누우니 눈이 말똥말똥해졌어. 왕배트는 벌써 잠든 걸까?

"왕배트~. 너는 천장에 매달려서 자야 하는 거 아니냐?"

"이게 더 편해. 그나저나 오늘 수업은 어땠어?"

"그렇게나 훌륭한 빛을 평생 피해 다녀야 한다니, 드라큘라의 팔자가 참 기구하다는 생각이 드네. **그나저나 할아버지는 나를 어떻게 찾았을까?**"

"내가 알려 줬잖아. 아직도 모르겠니? 킥!"

아니, 저 자식! 지금 비웃은 거 맞지?

"도대체 뭘 알려 줬다는 거야?"

"힌트를 줄게. 사람의 몸에서는 적외선이 나온다."

"진짜? 그런데 그게 뭐?"

"만약 적외선을 볼 수 있다면?"

"뭐? 할아버지가 적외선을 볼 수 있다고? 마법을 부리시나?"

그러자 왕배트는 갑자기 관 뚜껑을 박차고 일어났어.

"좀 과학적으로 생각할 수 없니? **백작님의 안경이 적외선 안경이라고. 그래서 캄캄한 밤에도 너를 볼 수 있다고.**"

적외선 안경? 흠, 내일은 할아버지 몰래 안경을 써 봐야지!

"밖은 환할 텐데… 관 속에 있으니까 진짜 밤 같다."

"응, 난 밤이 정말 좋아. 별을 좋아하거든. 우리 눈에 보이는 별은 가까이는 수년 전, 멀게는 수십 억 년 전에 보낸 빛이래. 빛의 속도는 초속 30만 km, 1초에 지구를 일곱 바퀴 반이나 돌

> 진공 상태에서 빛의 빠르기를 '광속'이라고 해. 빛의 속도는 약 초속 30만 km라고~
> 드르렁~
> 로켓은 초속 11,200m
> 소리는 초속 340m
> 기차는 초속 41.7m
> 사람의 걸음은 초속 1m 정도?
> 드까망~ 드르렁! 잘 자!

정도로 **빠르거든**. 그렇게 빠른 빛이 지구까지 오는 데 엄청나게 긴 시간이 걸린 거야. 별빛은 정말 먼 곳에서 오래오래 달려온 거지."

"음, 그렇게 생각하니 갑자기 낭만적으로 별이 보고 싶은걸? 왕배트, 내일 쉬는 시간에 몰래 보러 나가자!"

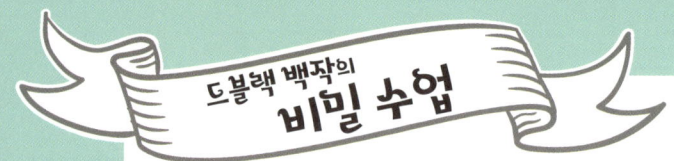

드블랙 백작의 비밀 수업

내가 아끼는 장난감을 소개하지~. 바로 빛을 꺾이게 만드는 물건, 프리즘이야. 태양이나 형광등 같은 빛은 우리 눈에는 그저 밝은 하얀 빛으로 보여. 하지만 프리즘을 통과하는 순간, 빛은 그 정체를 드러내지.

무지개는 어떻게 생길까?

비가 내린 뒤, 하늘 위로 떠오르는 일곱 빛깔 무지개를 본 적이 있나요? 무지개가 만들어지는 원리도 빛을 프리즘에 통과시키는 것과 같아요. 비가 내린 뒤 대기 중에는 물방울이 많아지는데, 이 물방울이 프리즘 역할을 하지요. 햇빛은 물방울을 통과하면서 방향이 꺾이고 흩어지면서 꺾이는 정도에 따라 빨주노초파남보, 일곱 가지 빛을 낸답니다.

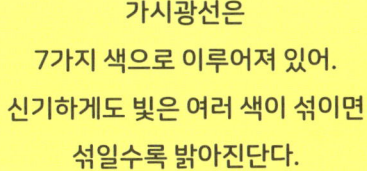

가시광선은
7가지 색으로 이루어져 있어.
신기하게도 빛은 여러 색이 섞이면
섞일수록 밝아진단다.

무지개다!

적외선
빨강
주황
노랑
초록
파랑
남색
보라
→ 가시광선
자외선

빨간색 바깥쪽은 적외선,
보라색 바깥쪽은 자외선이지!

음...

그래, 대낮의 탈출이야!

역시 난 청개구리야!
기숙 학교에 다닐 때는 해가 뜨는 낮에는 수업 시간 내내 졸고, 별이 뜨는 밤에는 눈이 초롱초롱 빛났는데! 할아버지가 낮에 자라고 하니, 갑자기 잠자기가 싫은걸? 나는 관 뚜껑을 벌컥 열어젖히고 씩씩하게 관에서 나왔어.

그러고 보니 이 멋진 저택을 제대로 본 적이 없잖아? 햇빛을 받으며 집 구경 좀 해야겠군! 그나저나 왕배트 녀석, 코 고는 소리가 장난이 아니군. 관 뚜껑이 있어서 다행이야.

끼이이이익~

나는 두근대는 마음으로 묵직한 현관문을 열었어. 아니, 내가 네덜란드 꽃밭에 온 건가? 알록달록한 튤립과 장미가 가득 피어 있어. 이렇게 멋진 풍경을 아직도 못 봤다니, 불쌍한 왕배트 같으니라고.

나는 살랑살랑 춤을 추며 꽃향기를 맡았어. 이런 게 공주의 느낌일까?

"드까망, 까망아! 어디 있니?"

이크, 저게 누구야? 왕배트잖아? 저 선글라스는 또 뭐람.

배트는 성큼성큼 꽃밭 사이로 들어왔어.

"조용히 해! 할아버지한테 들키면 끝장이라고!"

"그걸 아는 애가 땡볕에 서 있냐! 빨리 들어가자."

왕배트는 안절부절못하면서 나를 잡아끌었어. 이런 고집불통! 나는 왕배트의 선글라스를 휙 벗겨 버렸어.

"자, 어서 보라고. 빨간 꽃, 노란 꽃, 하얀 꽃! 어머나, 파란 장미도 있네? 불가능을 가능하게 만들다니…. 역시 드라큘라 성은 신비한 곳이야. 왕배트, 뭐라고 말 좀 해 봐. 진짜 예쁘지?"

그 순간, 왕배트가 비틀거리더니, 픽 쓰러졌어! 난 가슴이 철렁 내려앉았지. 정말 햇빛을 쬐면 안 되는 거야?

"왕배트! 정신 차려! 내가 잘못했어!"

아, 이러다 울고 말겠어. 내가 무슨 짓을 한 거지?

"…장미꽃은 검은색이야."

아, 다행이야. 왕배트의 조막만 한 눈이 반짝이고 있어!

"내가 본 장미꽃은 분명 검은색이었어! 아니, 검은색이어야 해!"

왕배트는 벌떡 일어나더니, 빨간 장미꽃을 한 움큼 쥐었어.

"야, 왜 그래? 장미꽃 아프겠다."

"밤에 핀 장미꽃은 모두 검은색이었어! 내 평생 장미꽃은 검은색이라고만 알고 있었는데… 인제 와서… 아니라니!"

빨간색을 반사하니까 빨간 꽃

"너는 밤에만 봤으니 당연히 검은색으로 보였겠지."
"그래, 진정해야지. 그나저나 진짜 예쁜 색이다. 이게 빨강이니?"
"응."
"그럼 혹시 저건… 노랑?"
"휴, 한 살 먹은 애도 아는 걸… 헛똑똑이구먼."
순간 왕배트의 찌릿한 눈빛이 느껴졌어.
"흥, 머릿속에는 색이 다 들어 있어. 본 적이 없어서 그렇지. 이 장미가 왜 빨간색인지도 모르는 멍청이와는 다르다고."
"뭐라고! 빨간 장미니까 빨간 거지. 무슨 이유가 있어!"
"그럴 줄 알았어. **이 장미가 빨갛게 보이는 건 다른 색 빛은 흡수하고 빨간색 빛만 반사하기 때문이야.**"
"뭐? 진짜? 그럼 파란 장미는 파란빛을 반사하는 거야?"
"바보는 아니구나. **우리가 색을 볼 수 있는 건, 빛을 받은 물체가 그 색을 반사하기 때문이야. 나머지 색은 흡수하고 말이야.**"

● 빨간 꽃은 빨간색을 반사　● 노란 꽃은 빨간색, 초록색을 반사　● 파란 꽃은 파란색을 반사

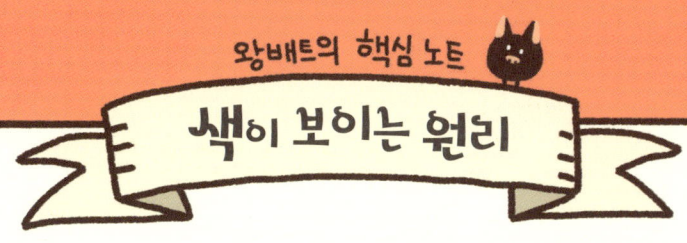

색이 보이는 원리

태양이나 형광등이 발산하는 빛은 '하얀색'으로 보여요. 이 빛을 프리즘에 통과시켜보면 다양한 색으로 나뉘어지지요. 빛은 여러 가지 색이 겹쳐질수록 밝아진답니다. 모든 빛이 다 섞이면 하얀색이 되지요. 우리가 일반적으로 보는 빛이 하얀 이유는 수많은 색이 섞여 있기 때문이에요.

빛의 3원색

빛의 색은 빨강, 파랑, 초록의 3원색으로 이루어져 있어요. 이 세 가지 색이 섞이면 우리가 볼 수 있는 모든 색을 만들 수 있지요.

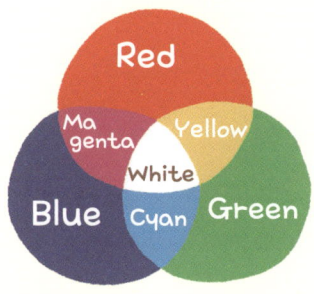

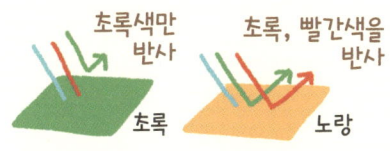

우리가 보는 색은 반사된 색!

우리 눈이 보는 물체의 색은 물체 표면에 닿은 3원색의 빛 가운데 물체가 흡수하지 않고 반사한 빛의 색이에요.

중요! 색의 3원색은 달라요~

여러 가지 물감을 섞으면 어떻게 될까요? 빛은 섞이면 밝아지지만, 물감은 섞이면 어두워져요. 색의 3원색인 마젠타, 시안, 옐로를 모두 섞으면 검정색이 되지요.

그때 어디선가 찰칵! 사진 찍는 소리가 들렸어. 아니, 저건! 할아버지잖아?
"왕배트, 숨어!"
우리는 파란 장미꽃 밑에 바짝 엎드렸어. 할아버지가 셀카를 찍고 있다니! 심지어 얼굴 각도도 예술이야.

더 기가 막혔던 건 그날 밤, 할아버지가 남긴 말씀이었지.
"드까망! 세상에서 가장 아름다운 색은 까만색이란다. 빛이 없는 밤의 어둠이 얼마나 아름답더냐! 그래서 네 이름도 까망이라고 지었지. 꼭 기억해라!"

"할아버지, 그 말씀 진짜입니까? 팩트예요?"

"예끼! 나는 평생 거짓말을 한 적이 없어. 뭐 하고 있니, 빨리 적어라. 색 중의 색은 까만색이다!"

나는 입이 근질근질했지만, 꾹 참았어. 비장의 카드는 나중에 꺼내야 하니까. 잠깐, 그런데 내 볼펜 어디 갔지? 슈슈깡이 준 건데!

"아까 파란 장미꽃 밑을 기어다닐 때 떨어진 거 아니야?"
"꼭 찾아야 해! 탄빵소년단 한정판 볼펜이라고!"

나는 정원으로 달려갔어. 새벽 5시. 다행히 아직 동이 트지 않았네. 나는 장미꽃을 향해 손전등을 비췄어. 그런데 어떻게 된 일이지? 파란 장미가 보이지 않아. 저 까만 장미는 또 뭐람!

"쯧쯧, 하나를 가르쳐 주면 하나만 아는구나. 손전등 불빛이 빨갛잖아. 그러니까 반사되는 빛도 당연히 다르지 않겠니?"

이런, 하나뿐인 손전등이 빨간빛이라니! 역시 할아버지다워.

아름다운 달걀노른자

그때였어. 드넓은 꽃밭이 서서히 밝아지기 시작했어. 그러자 검은 장미꽃은 서서히 파란빛으로 변해 갔지. 그리고 그 빛에서 반짝! 탄빵소년단 얼굴이 새겨진 내 볼펜이 빛나고 있었어!
"앗싸, 찾았다! 파란 장미도 찾고, 볼펜도 찾고!"
그런데 왕배트가 왜 이러지? 내 팔을 덥석 잡더니, 벌벌 떨어.
"까망아, 저… 저게 뭐야? 저 달걀노른자 같은 거…."

"바보야! 태양이잖아. 해가 뜰 시간이라고."

"저게 태양이야? 저 달걀노른자가?"

"응, 그런데 진짜 멋있다. 사실 나도 해돋이를 제대로 본 적은 없거든."

"아, 너무 아름다워…."

왕배트는 태양의 아름다움에 취해 또다시 쓰러졌어.

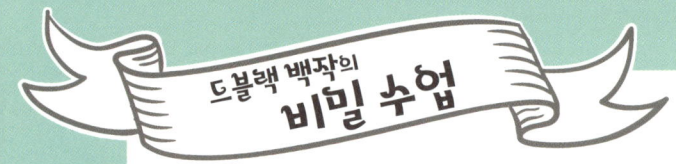

우리는 눈으로 세상을 보지요. 눈은 카메라와 비슷하게 생겼어요. 렌즈 역할을 하는 수정체를 통과한 빛은 망막에 거꾸로 상을 맺고, 시각 세포가 상을 인식하지요.

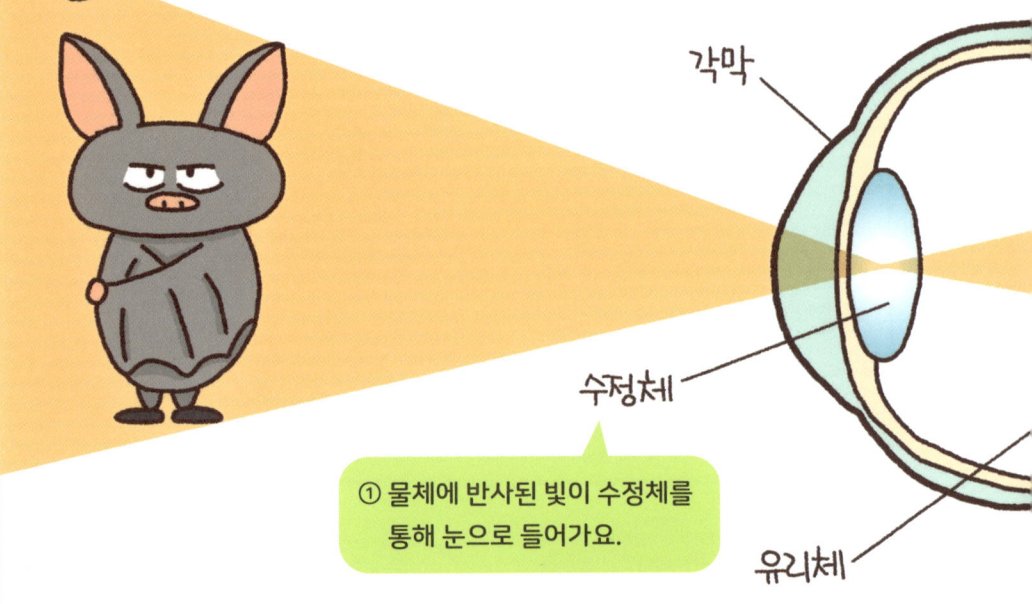

① 물체에 반사된 빛이 수정체를 통해 눈으로 들어가요.

각막
수정체
유리체

동물은 세상이 다르게 보인대요

사람의 눈에는 세상이 온통 알록달록한 컬러로 보이지만, 동물은 달라요. 개는 색을 거의 구분할 수 없어서 세상이 온통 흑백으로 보인답니다. 개뿐만 아니라 대부분의 포유류가 그렇지요. 고양이나 올빼미는 눈동자 크기를 자유롭게 조절할 수 있어서 아주 미세한 빛만 있어도 사물을 구분할 수 있대요. 매는 시력이 대단히 좋아서 사람보다 4~8배는 더 멀리 볼 수 있답니다.

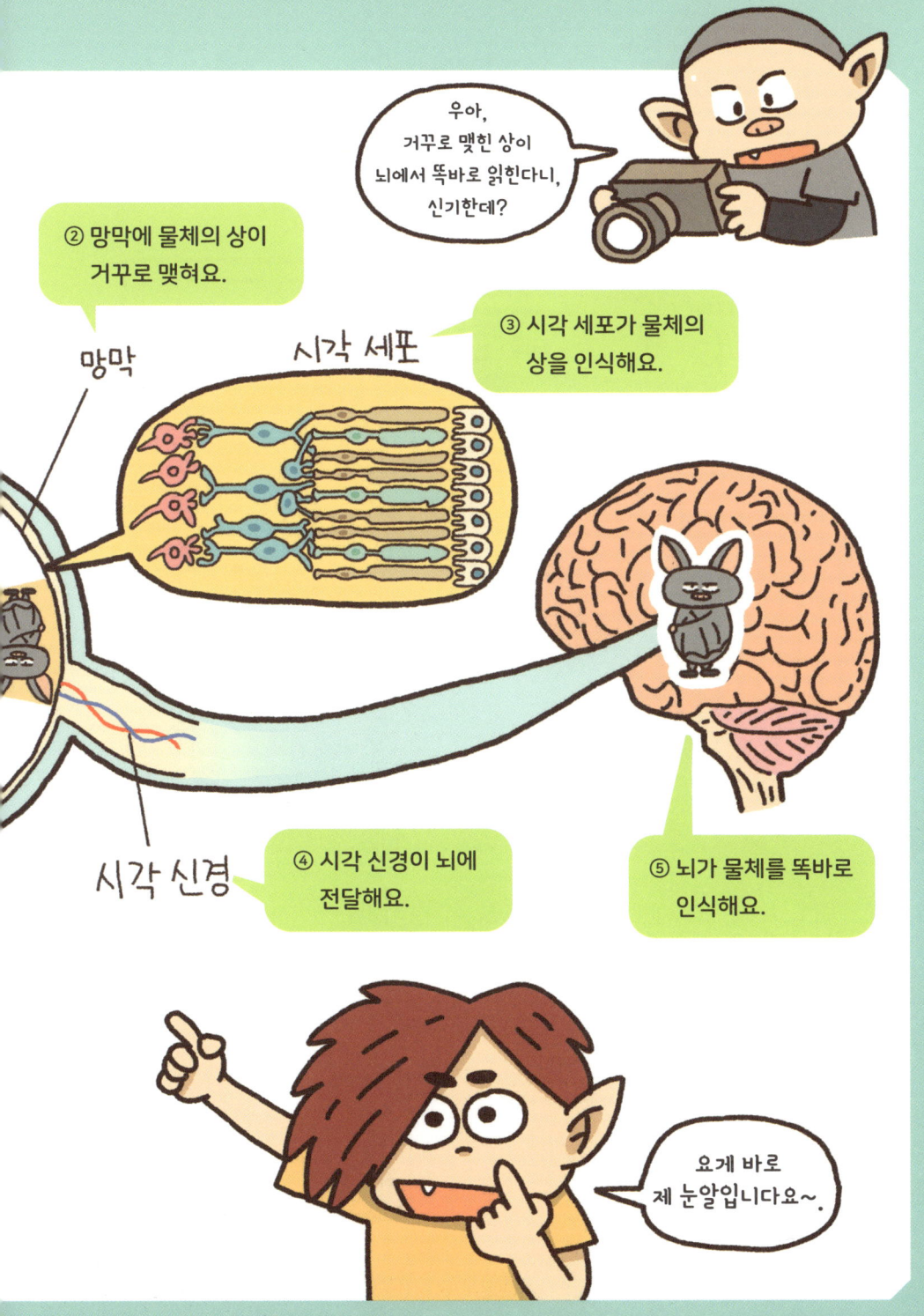

오늘은 땡땡이다!

"드까망, 일어나! 일어나라고!"

왕배트 녀석. 초저녁부터 또 시작이야. 수업에 늦으면 큰일 나는 줄 안다니까.

"드라큘라 협회에서 긴급 회의를 열었어. 백작님은 방금 뛰어나가셨고."

뭐라고요? 그러니까 오늘이 기다리고 기다리던 땡땡이치는 날이라고요? 나는 벌떡 일어나서 주섬주섬 옷부터 입었지.

"이런 날이 오는구나. 흠, 근데 뭐 하고 놀지?"

그러자 왕배트가 방긋 웃으며 초대장을 내밀었어.

"〈빛의 축제〉 초대장이야. 우리 여기 놀러 가자!"

"…"

왕배트는 입을 떡 벌린 채 조각처럼 서 있었어. 윽! 더러워. 지금 침 흘리고 있는 거 맞지?

"드까망~. 이렇게 많은 광원은 처음 봐."

"이것 좀 봐. 그림자야."

왕배트의 발밑으로 오동통한 몸매를 꼭 닮은 그림자가 생겼어.

"어이구, 그림자가 뭘…. 그림자 처음 봐?"

"…어, 처음 봐."

맞다! 왕배트는 빨간색도 처음 본 친구였지. 빛을 본 적이 없으니, 그림자도 처음 보는 게 분명해. 깜깜한 곳에서는 그림자가 보이지 않으니까. **어? 그러고 보니… 빛이 있는 곳에 그림자가 생기네?**

"할아버지는 순 거짓말쟁이야. 어제 수업 시간에 드라큘라는 그림자가 없다고 하셨잖아."

그러자 왕배트가 갑자기 눈을 동그랗게 뜨면서 나에게 말했지.

"할아버지 말씀이 맞네. 너 지금 그림자 없어."

"뭐라고?"

으앗, 이게 어쩐 일이야! 조금 전까지 있던 그림자가 사라졌어! **그림자 어디 갔지? 내가 진정한 드라큘라가 된 걸까?**

빛이 가로막히면 어떻게 되지요?

나는 깜짝 놀라서 온몸이 굳어 버렸어. 그런데 왕배트 녀석, 저 미소는 뭐지?

"까망아, 너 그림자를 잃어버렸구나. 완전 피터팬이네!"

"뭐라고? 아니야! 나는 피터팬이 아니라, 드라큘라야!"

"어이구, 일단 한 발짝만 앞으로 와 봐."

나는 소심하게 한 발짝을 떼었어. 그러자 조그만 그림자가 생겼지. 휴, 아직 진짜 드라큘라가 되진 않았나 봐.

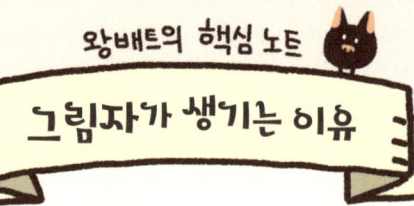

왕배트의 핵심 노트
그림자가 생기는 이유

빛은 직진하는 성질이 있어요. 앞으로만 쭉쭉 나아가지요. 사람은 장애물을 만나면 피해 가지만, 빛은 직진만 해요. 그래서 나무, 책, 도자기가 같은 불투명한 물체를 만나면 통과하지 못하고, 그 뒤로 어두운 그림자가 생긴답니다.

왕배트가 빛의 직진을 가로막았어.

"그러니까 공부를 좀 해. 너 **빛이 직진한다는 건 알고 있니?**"

"그거야 할아버지한테 귀에 못이 박히도록 들었지. 그게 뭐?"

"직진한다는 건, 앞으로만 간다는 거야. 그래서 빛은 나아가다가 불투명한 물체를 만나면 더 이상 가지 못하지."

"에이, 그건 아니다. 장애물을 만나면 돌아가든지, 넘어가든지 하면 되지. 빛이 뭘 몰라도 한참 모르네."

내 말을 듣고 왕배트는 휴, 하며 한숨을 쉬었어.

"다시 말할게. **빛은 불투명한 물체에 가로막히면 그 자리에서 멈춰. 물체 뒤에는 빛이 없으니까 어둡지. 그게 바로 그림자야.**"

"알았어, 알았어. 빛이 좀 융통성이 있으면 좋겠지만, 직진만 하겠다니 할 수 없지. 그나저나, 이것 좀 봐. 내가 왔다 갔다 하니까 그림자 크기가 달라지네!"

광원에서 **가까워질수록** 그림자의 크기는 **커져요**.

광원에서 **멀어질수록** 그림자의 크기는 **작아져요**.

 나는 광원을 두고 신나게 움직였어. 가까이 가니까 그림자가 커지고, 멀어지니까 그림자가 작아지는걸?

 "흠, 좋은 발견이야. **광원과 물체의 거리에 따라 그림자의 크기는 달라져.** 광원의 높이에 따라서도 길이가 달라지지. 그렇다면 여기서 문제! **드까망, 네 그림자는 왜 사라졌을까?**"

 "음… 광원에서 멀리 떨어질수록 작아지니까, 멀리 떨어져서? 아닌데…. 광원이 내 머리 위에 있었는걸?"

 "바로 그거야. **머리 바로 위에 있었으니까 그림자 길이가 엄청나게 짧아져서 보이지 않은 거지.**"

어? 그런데 이건! 맛 좋은 핫도그 냄새야. 잠깐만, 나한테 돈이 있었던가?

"왕배트, 너 돈 있니? 나 핫도그 하나만 사 주라."

"1,000원밖에 없는데. 핫도그가 1,000원이니까 내 것만 사야겠다."

"이런 치사한 박쥐 인간!"

나는 왕배트의 손바닥에서 500원짜리 동전 1개를 낚아챘어.

"헤헤, 요러면 못 사잖아. 그냥 반씩 나눠 먹자!"

나는 바둥대는 왕배트를 떼어 내며 동전을 쥔 손을 번쩍 들었어. 그러다 그만, 풍당! 동전이 연못에 빠졌지 뭐야.

드까망!

이크, 깜짝이야. 저렇게 무서운 왕배트라니!

"친구, 걱정하지 마. 바로 코앞에 떨어졌구먼."

나는 재빨리 신발을 벗고 연못으로 돌진했어. 동전의 위치를 보니 연못 물은 딱 발목까지 찰 정도였지.

"안 돼! 드까망, 들어가지 마!"

그 순간, 첨벙! 이게 웬일… 허리까지 잠겼잖아? 아, 망했다.

사이다 컵에 빠진 동전

에취! 사람들이 나만 쳐다봐.

"으아, 창피해! 추워! 찝찝해!"

왕배트는 내가 불쌍해 보였는지 핫도그 두 개에 사이다까지 푸짐하게 사 왔지.

"500원으로 이걸 다 산 거야?"

"비상금까지 탈탈 털었다고. 너한테 알려 줘야 할 것도 있고 말이야."

"음~ 그게 뭘까? 비상금 숨기는 곳?"

왕배트는 눈을 흘기더니, 100원짜리 동전을 컵에 톡 넣었어.

"아니, 지금 돈 가지고 장난치는 거?"

"자, 동전을 봐. 어떻게 보여?"

"와, 신기하다. 컵 바닥에 있는 건 맞는데, 실제보다 더 가깝게 보여."

"좋았어. **동전의 위치가 달라 보이는 건 빛의 굴절 현상 때문이야. 빛은 통과하는 매질에 따라 속도가 달라져. 사이다에 빠진 동전이 반사한 빛은 공기 중으로 나올 때 속도가 달라지면서 방향이 꺾여.** 그래서 실제 위치와 보이는 위치가 달라지는 거야."

"흠, 그러니까 빛이 나를 속인 거네!"

"이제 알았으면 무턱대고 물에 들어가지 말라고."

"좋아! 빛은 직진하다가 불투명한 물체에 부딪치면 반사되고, 그 뒤로는 그림자가 생기지. 하지만 투명하거나 약간 투명한 물체에 부딪치면 일부는 굴절되어 통과한다는 말씀!"

"오~ 이제 좀 똑똑해 보이…"

"뭐야, 칭찬하려면 끝까지 해야지!"

그러자 왕배트는 조용히 손을 들어, 내 등 뒤를 가리켰어.
"저기 좀 봐. 우리가 또 속았어."
"뭐? 빛이 또 우릴 속였어?"
아니, 할아버지가 왜 저기 계시지? 긴급 회의는 뻥이었던가.

드블랙 백작의 비밀 수업

자, 이것은 바로 조선 시대에 탄생한 **해시계, '앙부일구'**란다. 그림자를 이용해 시간은 물론 계절까지 알 수 있지! 대단하지 않니?

굵은 세로선의 사이는 15분 단위, 8칸으로 나뉘어 있지요.

옛날 시간 단위
자시(23~01시)
축시(01~03시)
인시(03~05시)
묘시(05~07시)
진시(07~09시)
사시(09~11시)
오시(11~13시)
미시(13~15시)
신시(15~17시)
유시(17~19시)
술시(19~21시)
해시(21~23시)

그림자를 만드는 **영침**은 북극성을 향하고 있어요.

세로선은 시간을 나타내. 태양의 움직임에 따라 영침의 그림자 방향이 달라지는 점을 이용한 거지.

내 송곳니를 보고 싶어!

왕배트가 왜 이럴까? 아까부터 내 얼굴만 빤히 쳐다봐.

"너 이제 제법 드라큘라 같다! 송곳니가 엄청나게 자랐어."

"정말? 거울, 거울 좀 줘 봐."

할아버지 성에 온 지 벌써 한 달. 그러고 보니 그동안 거울을 한 번도 못 봤어. 하긴 캄캄한 곳에서 거울은 필요 없지.

"거울? 드라큘라 성에는 거울이 없어. 할아버지가 드라큘라는 거울을 보면 안 된다고 하셨잖아."

"으이구, 그 말을 곧이곧대로 믿다니…. 가만! 그럼 넌 거울을 본 적이 없어?"

"응…. 하지만 내가 잘생겼다는 건 알아."

불쌍한 왕배트! 자기 얼굴을 보면 찔찔 울지도 몰라.

"이 커다란 성에 거울이 없다니! 거울이 있어야 눈곱이 끼었는지, 고춧가루가 끼었는지 확인하지."

"그러게. 지금 네 이빨에 고춧가루 끼었거든."

이런, 나는 입을 딱 틀어막고는 우물우물 말을 이었어.

"그런데 드라큘라 성에는 방이 100개도 넘잖아. 거울이 있는 방이 하나쯤은 있지 않을까?"

"그 방은 들어가지 말라고 하셨어!"

여긴 에베레스트 꼭대기 같아

왜 계단이 끝나지 않지? 지금이라도 그냥 내려갈까….

"물…, 물이 필요해!"

"쉿, 조용히 해. 백작님 깨실라."

왕배트 녀석…. 너는 날아간다 이거지? 날갯짓하는 왕배트를 째려보는 순간, 눈앞에 찌그러진 문짝이 나타났어. 잡동사니가 쌓여 있는 그저 그런 방의 느낌이야.

"저기, 예전에 요리사 아저씨한테 들은 말인데…. **이 방에는 똑같이 생긴 유령들이 득실득실하대.**"

"뭐라고? 야, 그 얘길 왜 지금….""

나랑 놀더니 배짱이 커졌나? 왕배트는 내 말이 끝나기도 전에 문을 활짝 열었어. 삐이이이익~.

똑같은 유령들이 득실득실… 이 아니라, 왕배트잖아?

비밀의 방은 크고 작은 거울로 가득 찬 방이었어. 비밀의 방이 아니라, 거울의 방이었지. 그나저나 왕배트는 괜찮은 걸까?

"왕배트, 이게 바로 거울이야. 거울에 보이는 게 네 모습이고."

왕배트는 구겨졌던 얼굴을 서서히 풀면서 말했어.

"응, 역시 내 생각대로군. **참으로 보기 드문 얼굴이야.**"

나는 왕배트의 어깨를 다독이며 거울 구경에 나섰어.

"그나저나 거울은 참 신기해. 어떻게 내 얼굴이 보이는 걸까?"

"휴, 드까망. 첫 번째 수업에서 뭘 배웠지?"

"그야 간단하지. 빛이 있어야 할아버지 눈곱이 보인다!"

"맞아. 우리가 사물을 볼 수 있는 건 사물이 빛을 반사하기 때문이었어. 네가 거울에 얼굴을 비추면, 네 얼굴에서 반사된 빛이 거울에 닿고, 거울은 그걸 그대로 다시 반사해. 그래서 네 얼굴이 보이는 거지. 결국 거울은 빛의 반사라는 성질을 이용한 도구야."

왕배트의 핵심 노트
거울의 원리

거울은 유리 뒷면에 아말감을 발라 만들어요. 아말감은 수은과 다른 금속을 섞어 만든 것으로 충치를 치료할 때도 사용하지요.

빛은 물체를 향해 들어가는 각도와 반사되어 나오는 각도가 항상 같아요. 이것을 빛의 반사 법칙이라고 해요.

거울에 비친 사물은 좌우가 반대로 보이지요.

반사 / 입사

거울처럼 매끈한 물체는 빛을 한 방향으로 가지런히 반사해. 이걸 **정반사**라고 하지. 거울은 정반사를 하기 때문에 물체의 모양과 크기가 실제와 똑같이 우리 눈에 들어와.

정반사

그럼 울퉁불퉁한 물체에 반사하면 어떻게 되는 거야?

종이처럼 울퉁불퉁한 물체는 빛을 불규칙하게 반사하지. 이를 **난반사**라고 해. 빛이 여러 방향으로 반사를 하기 때문에 종이에 얼굴을 비춰도 보이지 않는 거지.

난반사

"우아, 왕배트! 나 완전 작아졌어. 너도 비춰 봐."
내가 수선을 떨자, 왕배트는 코웃음을 치며 말했지.
"볼록 거울이네. **볼록 거울은 물체가 실제보다 작아 보이지. 반대로 오목 거울은 물체를 실제보다 크게 보이게 하고.**"

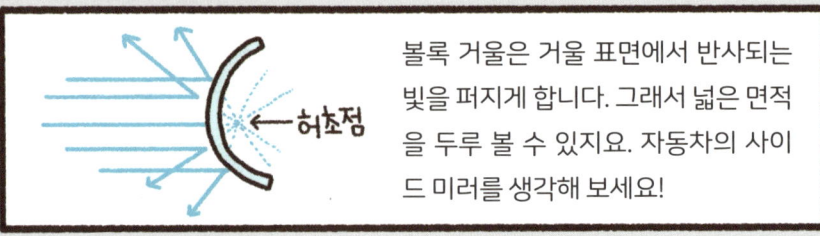

볼록 거울은 거울 표면에서 반사되는 빛을 퍼지게 합니다. 그래서 넓은 면적을 두루 볼 수 있지요. 자동차의 사이드 미러를 생각해 보세요!

으앗, 진짜네! 오목 거울에 얼굴을 가까이 비췄더니 내 얼굴이 달덩이 같아.

"오, 그럼 거울마다 쓸모가 다르겠는걸? 볼록 거울은 넓은 곳을 두루 봐야 할 때! 오목 거울은 좁은 곳을 자세하게 봐야 할 때!"

오목 거울은 퍼지는 빛을 한 점으로 모아줍니다. 그래서 물체를 크게 보이게 하지요. 하지만 초점보다 멀리 있는 물체는 위치에 따라 실제 모습보다 작거나 크게 뒤집혀 보여요.

"와, 저 거울 좀 봐. 진짜 오래된 것 같아."

나는 왠지 으스스한 거울 앞으로 다가갔어. **으아아아악~ 유령이닷!** 갑옷을 입은 기사가 내 뒤에 떡 버티고 서 있어. 난 그 자리에 딱 얼어붙고 말았어.

"왕배트… 유령… 갑옷 입은 유령…."

왕배트는 얼굴을 엄청나게 찡그리면서 소리쳤어.

"갑옷 유령! 드까망에게서 썩 물러나. 뭐? 뭐라고? 드까망에게 전하라고? 앞으로 왕배트의 소원 세 가지를 들어주면 사라지겠다고?"

난 두 눈을 꼭 감고 소리쳤지!

"알았어! 세 가지 소원! 알았다고!"

거울 속에 사는 갑옷 유령

나는 나무늘보도 답답해할 만큼 조심스럽게 뒤를 돌아봤어. 휴, 아무것도 없잖아? 그런데 앞을 본 순간, 다시 갑옷 유령이 나타났어!

"너… 너는… 거울 속에 사니?"

"드까망, 이번엔 네가 맞혀 봐. 생각을 좀 하라고."

"나 무시하는 거냐! 오늘 너한테 주워들은 거라곤 빛의 반사뿐인데…."

나는 번개처럼 주위를 둘러보았어. 그러자 구석에 서 있는 갑옷이 눈에 들어왔지.

"앗, 저거야! **저 갑옷이 거울에 여러 번 반사되어서 나한테 보인 거구나!**"

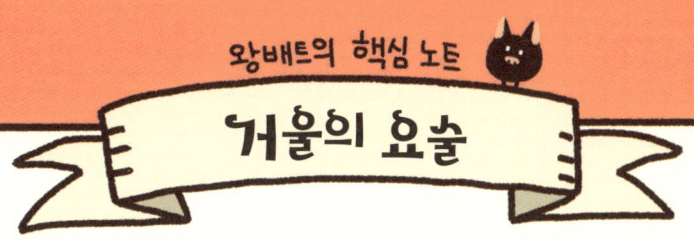

왕배트의 핵심 노트
거울의 요술

거울이 여러 개 있으면 재미있는 실험을 할 수 있어요. 거울의 반사로 물체가 여러 개로 보이기도 하고, 눈앞에 없는 물체도 볼 수 있지요.

거울 두 개를 60도 각도로 세우면?

물체가 5개로 보여. 거울에 비친 모습이 다시 반사되니까.

거울 두 개를 양쪽에 세우면?

거울 속에 물체가 끝없이 나타나. 반사를 계속하니까.

계속 반사

잠망경의 원리

잠망경은 두 개의 거울을 사용하여 눈으로 직접 볼 수 없는 곳에 있는 물체를 볼 수 있게 해 주는 도구예요. 물체에서 반사되어 잠망경으로 들어온 빛은 윗 거울에 반사된 후 아래로 내려오고, 다시 아랫 거울에 반사되어 우리 눈으로 들어옵니다.

오호라~

어? 그런데 이건 또 뭘까? 갑옷 옆으로 패션쇼에서나 볼 것 같은 옷들이 주르르 걸려 있어.

"흠, 나름대로 멋진걸? 외계인 옷 같기도 하고. 아무래도 옛날에 이 방에 패션 디자이너가 살았었나 봐. 자기가 만든 옷을 입고 거울에 비추고 놀았던 거지. 할아버지 깨시기 전에 빨리 가자! 너무 졸려."

오늘 수업은 또 어떻게 버틸까? 거울의 방은 재미있었지만, 다신 올라오지 않을 거야.

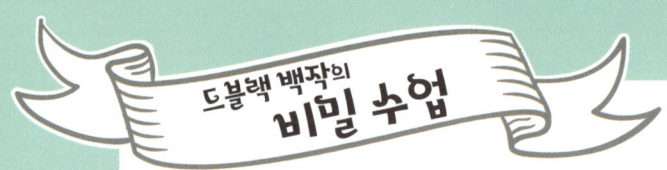

볼록 거울은 물체를 실제보다 작게 보이게 해요. 그래서 볼록 거울로 보면 주변까지 넓게 볼 수 있지요. 그래서 사고를 예방하는 데 주로 쓰인답니다.

오목 거울은 물체를 실제보다 크게 보이게 해요. 또한 빛을 가운데로 모으는 효과가 있어 빛을 모아 밝게 만들 때 주로 쓰지요.

거울이 없던 옛날에는 어떻게 살았을까?

인류 최초의 거울은 연못이나 호수와 같은 물이었어요. 하지만 물은 표면이 흔들리고 휴대하기 불편했지요. 그래서 사람들은 돌이나 구리, 청동 같은 금속을 매끄럽게 갈아 거울을 만들었어요. 오늘날 우리가 사용하는 거울은 1300년대에 처음 만들어졌답니다. 거울은 영어로 '미러(mirror)'라고 하는데, 이건 기적을 뜻하는 '미라클(miracle)'에서 비롯된 말이에요. 처음 본 사람들이 '기적'이라고 여길 만큼 거울은 놀라운 발명품이었지요.

할아버지, 아프지 마세요!

콜록콜록 캑캑~ 에구구~

할아버지가 편찮으셔. 침대에서 꼼짝도 못 하고, 계속 기침만 하셔. 어제 시험에서 내가 빵점을 받아서 충격받으신 건 아니겠지?

"할아버지, 병원에 가서 주사라도 맞으셔야…."

"아니, 아니다. 그냥 몸살감기지. 좀 쉬면 나을 테니 걱정 말아라. 그나저나 오늘 수업은 못 하겠구나. 콜록콜록~ 방에 가서 어제 공부한 책, 〈드라큘라에게 패션은 없다〉를 캑캑~ 복습하거라."

"필요하신 일 있으시면 부르세요!"

"아니다, 내 방 근처엔 얼씬도 말아라. 절대, 절대로!"

드디어 기회가 왔어. 뒷산에 있는 드라큘라 묘지를 탐험할 기회 말이야.

"오늘 비 올 것 같은데…."

"지금 비가 문제야? 비 오는 밤의 묘지! 스릴이 넘쳐!"

나는 입이 삐죽 나온 왕배트를 끌고는 뒷산으로 향했어.

"저기 좀 봐. 묘비가 백 개도 넘어!"

묘비를 보니 으스스하면서도 뭉클한 기분을 들었어. 드라큘라의 고된 인생 역정이 느껴진다고나 할까?

"이 묘비석 좀 봐. 태양마저 두려워한 최고의 드라큘라. 이곳에 잠들다…. 드루와 백작? 아니, 이분은 증조할아버지?"

그 순간, 하늘에서 번개가 번쩍번쩍! 몇 초 뒤에 천둥이 우르르 꽝! 치더니, 쏴아아~ 굵은 빗방울이 쏟아졌어.

"내 이럴 줄 알았다니까! 드까망, 동굴로 뛰어!"

"우아, 고막 찢어지는 줄 알았네. 번개가 딱 치고, 조금 있다가 천둥이 기다렸다는 듯이 딱 치고! 둘이 약속했나?"

"약속? 뭐, 틀린 말은 아니지."

왕배트는 어깨를 으쓱대면서 입을 열었어.

"비구름이 커지면, 구름 속 알갱이들은 서로 충돌하며 불꽃을 일으켜. 이 불꽃이 바로 번개, 번개가 칠 때 나는 소리가 천둥이지. 그런데 **소리는 빛보다 한참 느리니까, 천둥이 늦게 치는 거야.**"

"아, 기억난다! 빛은 1초에 약 30만 km, 소리는 1초에 약 340m를 이동한다! 그런데 말입니다…. 내 눈에 보이지도 않는 머나먼 하늘에서 나는 소리가 어떻게 내 귀에까지 들리는 거야?"

"휴, 그럼 기본부터! **소리는 물체가 떨릴 때 생겨. 물체가 떨리면 주변 공기에 진동을 일으키고, 이 진동이 귀로 전달되어 소리로 들리는 거야.** 번개가 치면서 일으킨 엄청난 진동이 네 귀로 전달되어 천둥소리로 들리는 거지."

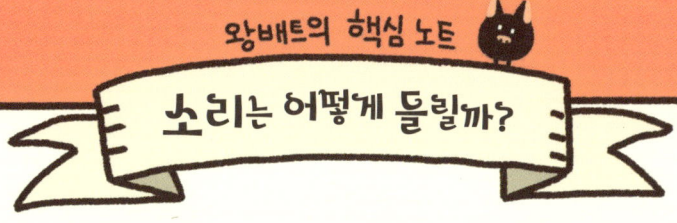

소리는 어떻게 들릴까?

모든 것이 가만히 있을 때는 소리가 나지 않아요. 무언가가 움직여야만 소리가 나지요. 물체가 떨리면 이 떨림은 주변의 공기를 일정한 간격으로 움직이게 하고, 바로 이 진동이 소리가 되는 거랍니다.

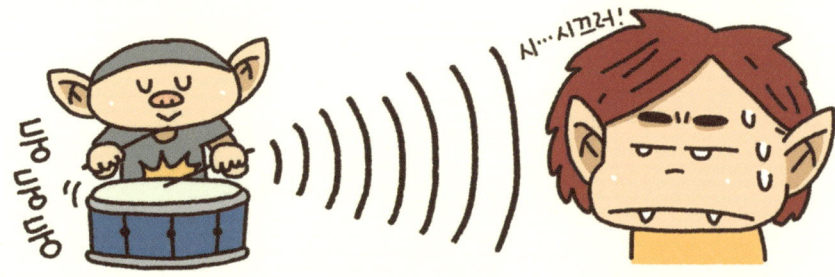

드럼을 치면 표면이 바르르 떨려요.

이 떨림이 주변의 공기를 진동시키고

이 진동이 귓속의 고막을 진동시켜 소리가 들려요.

왕배트의 퀴즈 타임

사람의 목소리는 어떻게 날까요?

정답! 허파에서 나온 바람이 목 안에 있는 성대를 진동시켜서 납니다.

공기가 없는 곳에서도 소리가 들리나요?

정답! 공기가 없으면 소리가 전달되지 않아요. 그래서 달에서는 소리가 들리지 않지요.

동굴 속의 귀신 소리

그때였어. 우우웅~. 어디선가 기분 나쁜 소리가 들려왔어. 동굴 깊숙한 곳에서 말이야.

"우와, 나 닭살 돋았어. 설마 저 안에 귀신이?"

왕배트는 손가락을 쭉 뻗어 내 입을 막고는 땅바닥에 귀를 댔어.

"뭐 하는 거야?"

"쉿, 누군가 다가오고 있어. 가만… 두 사람인 것 같아."

"뭐? 사람? 그런데 땅에다 귀는 왜 대는 거야?"

"이그, 그야 더 잘 들리니까. **공기처럼 소리를 전달해 주는 물질을 매질이라고 하는데, 흙이나 물은 공기보다 소리를 더 빨리 전달하는 매질이야.**"

"오호, 그럼 나도!"

아니, 진짜 사람이잖아? 왕배트 녀석, 처… 천재인걸?

"아저씨들, 동굴에서 뭐 하세요? 설마 요술 램프를 찾고 계신 거?"

"우하하, 딱 보면 모르겠니. 우리는 드라큘라 묘지에 묻힌 금궤를 찾으러 온 위험한 아저씨들이야."

도둑들은 우리를 밧줄로 꽁꽁 묶었어. 드까망, 정신을 차리자. 왕배트! 걱정하지 마. 내가 도둑도 잡고, 너도 구해 줄게.

"금궤요? 에이, 잘못짚으셨네요. 드라큘라 가문의 드블랙 백작님이 저 성을 지으실 때, 금궤를 다 팔아 치우셨거든요."

"으하하! 꼬마야, 네가 드라큘라를 아니?"

"당연하죠! 내가 드라큘라인걸요? 이 송곳니 좀 보세요!"

"그래그래, 우린 좀 바쁘니까 조용히 기다려. 시끄럽게 굴면 혼쭐난다."

도둑들은 삽을 들고 묘지를 파헤치기 시작했어. 안 돼! 거긴 우리 증조할아버지가 잠든 곳이야!

"도둑이야! 도둑이야! 할아버지! 도와주세요!"

나는 천둥만큼이나 큰 소리로 할아버지를 불렀어.

할아버지, 제 목소리가 들려요?

"흐윽… 소용없어. 그 정도 소리는 할아버지가 못 들어."

"그렇겠지? 그런데 왜 내 목소리는 천둥만큼 크지 않은 걸까?"

"훌쩍훌쩍… 소리는 진동으로 전해진다고 했었지? **진동 폭이 크면 소리가 크고, 진동 폭이 작으면 소리도 작아.** 어어어엉엉~ 사람 목소리는 60데시벨(dB) 수준이지만, 천둥소리는 100데시벨(dB) 정도야."

왕배트 녀석, 징징 울면서도 또박또박 대답은 잘하네.

★ 소리의 크기를 나타내는 단위는 데시벨(dB)이에요.

"그럼 소리의 높낮이는? 도레미파솔라시도~ 처럼 소리도 높고 낮음이 있잖아. 그것도 진동이랑 관계가 있는 거야?"

"흐으으으윽. 당연하지. **진동수가 작으면 소리가 낮아. 반대로 진동수가 크면 소리가 높지.** 돌고래처럼 높은 소리는 2만 헤르츠(Hz)가 넘어."

"그래? 그럼 이번에는 엄청나게 높은 소리를 내 볼게. 도둑이야!"

★ 소리의 높이를 나타내는 단위는 헤르츠(Hz)예요.

그때였어. 박쥐 한 마리가 날아들었지. 나의 간절한 목소리는 할아버지가 아니라, 박쥐에게 전해졌나 봐. 박쥐는 왕배트 앞을 알짱알짱 맴돌더니, 동굴 밖으로 날아가 버렸어.

"호엉, 으엉어어어어엉~."

"야, 그만 울어. 네가 자꾸 우니까 나도 마음이 약해지잖아."

아무래도 편찮으신 할아버지를 두고 놀러 나와서 벌을 받나 봐. 도둑들은 땀을 뻘뻘 흘리며 땅을 파헤치고 있어. 이 밤이 끝나기는 하는 걸까?

그 시각 드라큘라 성에서는….

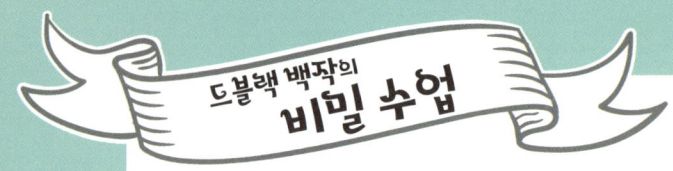

우리는 어떻게 소리를 들을까요? 공기를 통해 전달된 진동은 먼저 귓바퀴에 모아져요. 그리고 이 진동은 다시 고막을 진동시켜 뇌로 전달되지요. 우리의 인체는 정말 신기하죠?

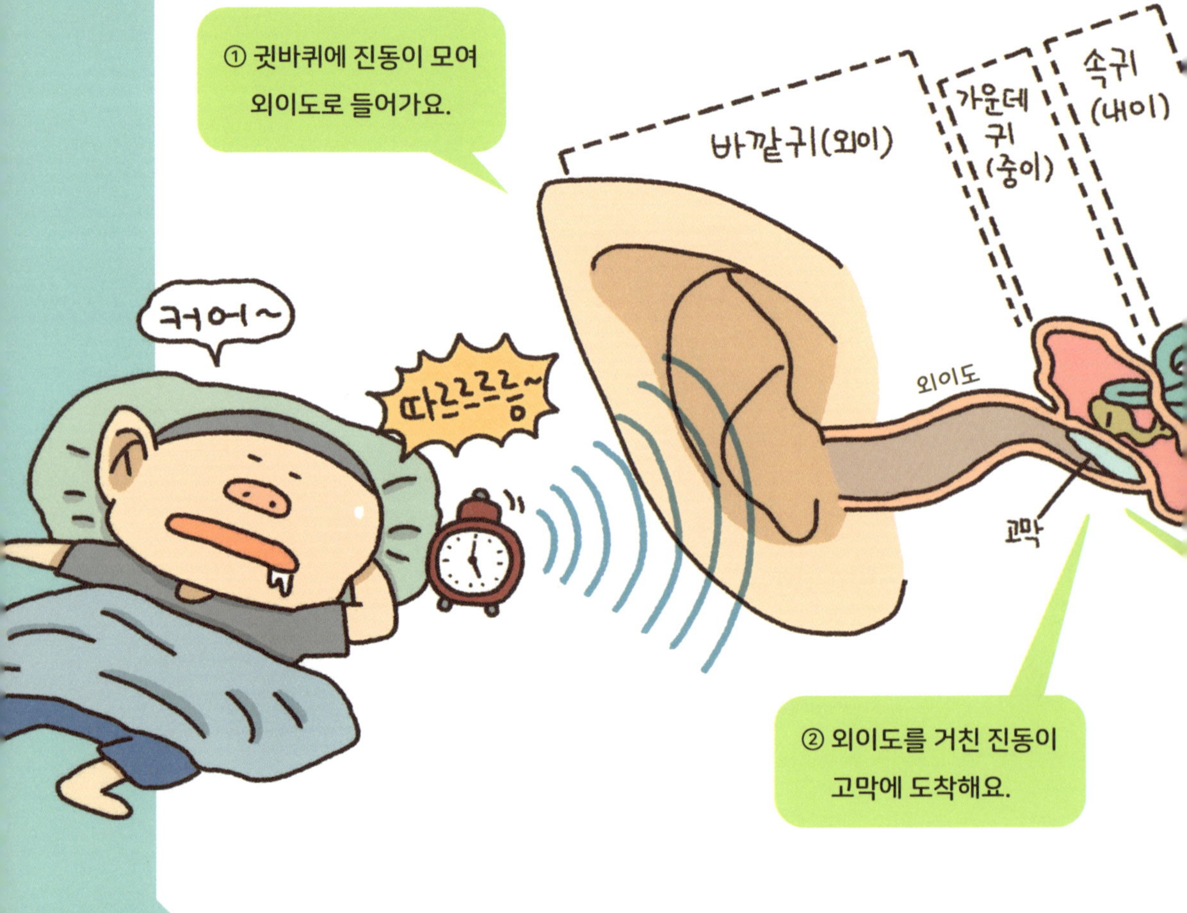

① 귓바퀴에 진동이 모여 외이도로 들어가요.

바깥귀(외이) / 가운데귀(중이) / 속귀(내이)

외이도

고막

② 외이도를 거친 진동이 고막에 도착해요.

요게 바로 제 귓구멍입니다요~. 왕배트의 코골이가 저에게 전달되는 순간을 감상하시죠!

코 고는 소리가 알람 소리보다 커!

⑥ 뇌가 소리를 느껴요.

⑤ 전기 신호는 청신경을 통해 뇌로 전달되어요.

④ 달팽이 관 안에 있는 액체가 진동을 전기 신호로 바꾸어요.

③ 고막이 진동해요.

귀는 왜 두 개일까?

누군가 나를 부르면 소리가 나는 방향으로 고개를 돌려요. 소리는 두 개의 귀 중 더 가까운 쪽에 먼저 도달하고 더 크게 들려요. 덕분에 우리는 소리가 발생한 위치를 훨씬 더 정확하게 알 수 있지요. 만약 귀가 하나였다면 들리는 소리를 서로 비교할 수 없어서 소리가 나는 위치를 정확히 찾기 어려울 거예요.

금궤는 없다니까요!

어느덧 비가 잦아들었어. 그나저나 도둑들은 언제까지 땅을 팔 작정이지? 한 시간도 넘은 것 같은데….

"아저씨들, 제 말 좀 믿으세요. 금궤는 없다니까요."

"시끄러워! 우리가 속아 넘어갈 줄 알고?"

"그러다가 땅에 묻힌 드라큘라가 벌떡 일어나기라도 하면 어쩌려고 그래요? 목덜미를 꽉 물리기라도 하면!"

그러자 한 아저씨가 움찔하며 삽질을 멈췄어.

"이봐. 좀 으스스한데…, 저기… 그냥 그만둘까? 이러다 진짜 드라큘라 귀신이라도 나타나면….."

"조용히 해. 귀신이라니, 그런 건 없다고!"

고요한 밤, 들리는 건 도둑들이 속닥대는 소리뿐이었어.

"와, 귓속말까지 다 들리네? 왕배트, 왠지 밤에는 소리가 더 잘 들리는 것 같아."

그러자 왕배트는 푹 숙였던 고개를 번쩍 들었어. 아, 저 눈빛, 반짝이고 있어! 왕배트가 돌아왔어!

"당연하지! **소리는 온도가 높은 곳에서 낮은 곳으로 꺾이거든. 낮에는 태양 빛을 받아 땅이 달궈져. 지표의 온도가 높기 때문에 소리는 위로 굴절하며 올라가는 거야. 반대로 밤에는 지표의 온도가 내려가. 그래서 소리가 아래로 굴절하지.** 사람들은 대부분 지표 가까이에 있으니까, 밤에 소리가 더 잘 들리는 거야."

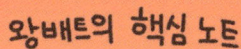

소리의 성질

소리는 주로 공기를 타고 퍼져 나가요. 이 과정에서 어떤 물질을 만나느냐에 따라 다양한 모습으로 퍼져 나간답니다.

1. 소리의 반사

소리는 단단한 물체에 부딪치면 반사되어요.

2. 소리의 흡수

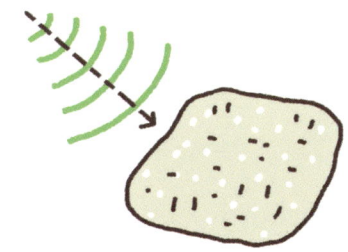

소리는 스펀지처럼 부드럽고 구멍이 많은 물체를 만나면 흡수되어요.

3. 소리의 굴절

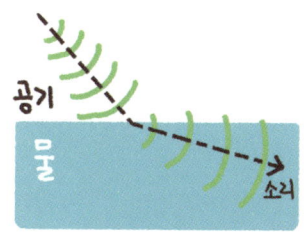

소리는 다른 매질을 만나면 속도가 달라지면서 그 경계면에서 꺾여요.

4. 소리의 회절

소리는 담과 같은 물체를 만나거나, 좁은 틈을 지날 때 진동이 부채꼴로 퍼지면서 물체 뒤쪽으로 돌아가요. 그래서 담 뒤에서나 좁은 틈 사이로도 소리가 들리지요.

그때였어. 도둑들의 비명이 들렸지.

"으악! 귀신... 좀비... 아니, 드라큘라다!"

뭐? 드라큘라라고? 나와 왕배트는 재빨리 동굴 밖으로 눈을 돌렸어. 아니, 저게 누구야? 할아버지잖아! 나는 눈물이 핑 돌았어. 큰 소리치긴 했지만, 사실 너무 무서웠거든.

그 순간, 왕배트가 나를 밀치며 외쳤어.

"드까망! 엎드려!"

깊숙한 동굴 속에서 파닥대는 소리가 들렸어. 그러더니만 시꺼먼 박쥐들이 떼를 지어 몰려나왔지.

　박쥐들은 도둑 아저씨들을 콕콕 쪼아 대더니, 덥석 물고 하늘 높이 날아올랐단다.

　"요놈들! 신성한 묘지를 파헤치다니! 혼 좀 나 보거라!"

　도둑들은 하늘 높이 사라지고 말았어.

"할아버지!"

나는 할아버지 품에 꼭 안겼어. 앞으로는 할아버지 말씀 잘 들을 테야! 착한 드라큘라가 될 테야!

"할아버지, 그런데 어떻게 알고 오셨어요?"

"왕배트가 나에게 박쥐를 보냈지. 묘지로 오라고 말이야."

"어, 정말요? 나는 아무 소리도 못 들었는데….."

그러자 왕배트는 어깨를 으쓱하며 잘난 척을 시작했어.

"그거야, 나는 박쥐들이 사용하는 초음파를 사용할 수 있거든."

한밤중의 초음파 특강

"초음파라고? 그게 뭐야?"
그러자 할아버지 얼굴이 갑자기 일그러졌어.
"드까망, 네 이 녀석! 어젯밤 수업에서 내가 말해 주었거늘! 수업 시간 내내 졸더니만, 아이고 머리야!"
이크, 들켰다. 그냥 아는 척할걸.
할아버지는 한숨을 푹 쉬고는 곧장 수업에 들어가셨어.
"사람은 너무 높은 소리나 너무 낮은 소리는 듣지 못한단다. 하지만 동물은 사람이 듣지 못하는 소리를 내기도 하고, 듣기도 하지. 박쥐나 돌고래 같은 동물은 아주 높은 소리, 즉 초음파를 들을 수 있어."
나는 눈을 초롱초롱 뜨고는 할아버지 말씀에 귀를 기울였어. 이렇게 집중해서 듣기는 처음인걸?

"동물에게 초음파는 눈과 같은 역할을 한단다. 초음파를 발사한 뒤에, 물체에 부딪쳐 되돌아오는 초음파로 물체의 위치와 거리를 알아내거든. 사람도 이런 원리를 이용해서 바다 밑 지형을 파악하기도 하고, 엄마 배 속에 있는 아기를 보기도 하지."

"오, 이럴 줄 알았으면 나도 박쥐 언어를 배워 두는 건데…. 어? 그런데 왕배트… 그냥 네가 박쥐들을 불러서 도둑 아저씨들을 쫓아내면 되는 거 아니었어?"

그러자 왕배트는 눈을 끔벅하더니 목덜미를 긁적였어.

"아… 그렇구나. 그 생각까진 못 했네…."

"아니면 말이야. **네가 박쥐로 변신해서 할아버지한테 날아가면 됐겠네.**"

"아… 그렇구나. 나 변신할 수 있었지… 드까망! 그럼 네가 얘기해 주면 됐잖아!"

"뭐라고? 몰라, 나도 방금 생각났다고!"

"지금부터 축구 경기를 관람하겠다. 긴긴밤을 뜬눈으로 보내야 하는 드라큘라에게 새벽 축구 경기는 꿀잼이지! 집중해야 하니, 말 시키지 말 것!"

흠, 할아버지! 설마 아까부터 축구 경기를 보고 계셨던 건 아니죠? 이제부터 정말 멋진 드라큘라가 될 거라고요. **그러니까 수업을 하는 게 어떨까요?**

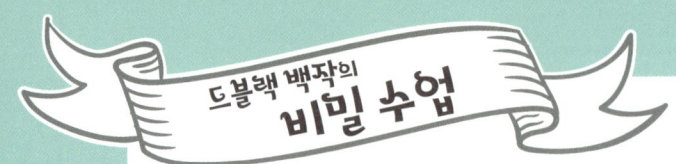

자, 드라큘라의 비밀 수업, 잘 들었니? 빛과 소리가 없는 세상, 상상하기도 어렵지? 빛과 소리는 비슷한 점도 있지만, 다른 점도 참 많단다. 한번 비교해 볼까?

빛은 매질이 없어도 앞으로 나아가요. 아무것도 없는 우주 공간에서 속도가 가장 빠르지요. 물이나 유리도 통과하긴 하지만 속도는 느려진답니다. 하지만 소리는 매질이 없으면 나아가지 못해요. 물이나 철 같은 매질을 만나면 오히려 속도가 더 빨라지지요.

빛 vs 소리 ❷ 여러 가지가 섞이면?

여러 가지 빛이 섞이면 하얀색이 되어요. 빛이 많이 겹쳐질수록 밝아지지요. 하지만 소리는 달라요. 여러 소리가 자신의 소리를 유지한 채 어우러져, 멋진 하모니를 이루지요. 여러 악기가 어우러져 연주하는 오케스트라를 생각해 보세요.

빛 vs 소리 ❸ 장애물을 만나면?

빛은 불투명한 장애물을 넘지 못해요. 직진하다가 가로막히고 말지요. 하지만 소리는 장애물을 넘어갈 수 있어요. 담벼락 위로, 작은 틈으로 타고 올라가 장애물을 타고 다시 내려오지요. 참, 장애물의 크기가 바늘 끝처럼 매우 작아지면 빛도 장애물을 타고 돌아가는 성질이 강해진답니다.

빛과 소리의 세계
드라큘라의 비밀 수업

초판 1쇄 발행 2020년 4월 24일
초판 8쇄 발행 2024년 7월 19일

글 김경희 | **그림** 이진아 | **감수** 고재현
편집 전현정 김채은 | **디자인** 상상이꽃처럼
제작 박천복 김태근 고형서 | **마케팅** 송시은
펴낸이 김경택
펴낸곳 (주)그레이트북스
등록 2003년 9월 19일 제313-2003-000311호
주소 서울시 구로구 디지털로31길 20 에이스테크노타워5차 12층
대표번호 (02) 6711-8673
홈페이지 www.greatbooks.co.kr

ISBN 978-89-271-9626-6 74400
      978-89-271-9560-3 (세트)

※이 책은 저작권법에 따라 보호받는 저작물이므로 무단전재와 무단복제를 금합니다.

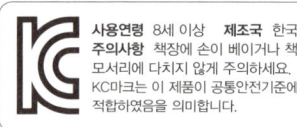